ANDREA HENSGEN
frei nach Franz Kafka

Ein Käfig ging einen Vogel suchen

Mit Illustrationen von
MEHRDAD ZAERI

KNESEBECK

Alle Käfige hatten einen Vogel. Deshalb wollte der Käfig auch einen haben. Aber er war ein junger Käfig, der die Welt noch wenig kannte. Er wusste nicht, dass die meisten Vögel am liebsten frei am Himmel fliegen, wohin sie wollen.

Der Käfig überlegte, wie ein Vogel ihn denn finden könnte. Er stellte sich mitten in den Hof und rief ganz laut: »Vögel, kommt mal her! Ich bin noch ganz leer.«

Die Vögel bremsten mitten im Fliegen ab.

Sie setzten sich auf die Regenrinnen, die Schornsteine und
Dachziegel und sahen von dort oben hinunter in den Hof.

Sie warteten gespannt, ob es tatsächlich einen Vogel in der
großen Stadt gäbe, der dumm genug wäre, sich aus freien
Stücken in einen engen Käfig zu setzen.

Auch die alte Katze Agathe hatte den Käfig laut rufen gehört.

Katzen fangen Vögel. Würde nun ein Vogel in den Käfig fliegen, müsste Agathe nur ratzfatz hinspringen und die Käfigtür fest zuknallen.

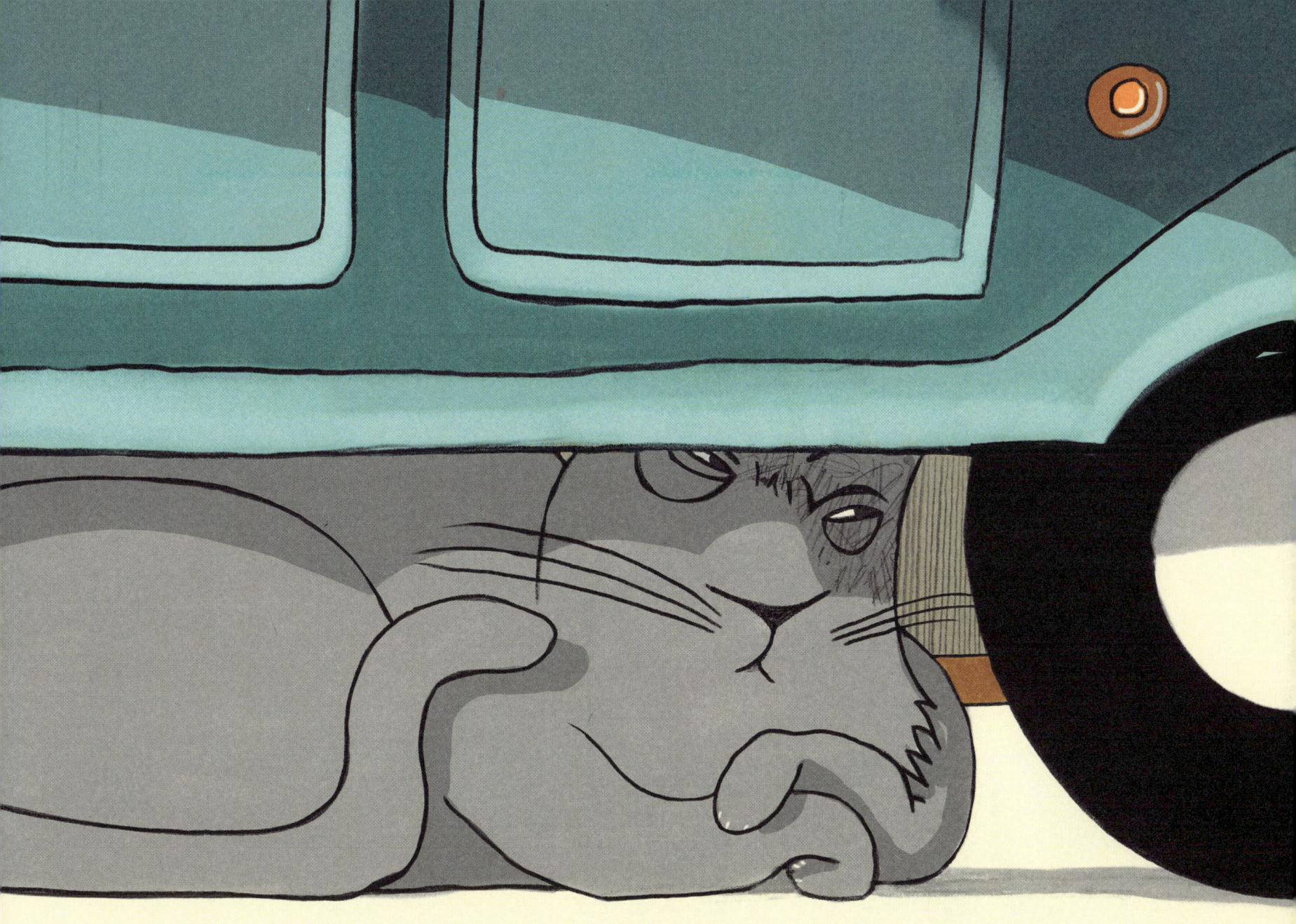

Der Vogel wäre gefangen und Agathe bräuchte nur noch zuzulangen. Agathe legte sich auf die Lauer, unter ein Auto, das da im Hof herumstand.

Die Vögel rückten zusammen, saßen so dicht und leise beieinander, dass jeder Vogel das kleine Herz des anderen spürte, wie es unter dem weichen Federflaum vor Aufregung ganz wild zu klopfen begann.

Auch der Käfig merkte, wie es plötzlich ganz still um
ihn herum wurde. Der Mut ging ihm verloren, nochmals
so laut wie gerade eben zu rufen.

Deshalb sagte er nur ganz leise:
»Vögel, kommt doch her. Ich bin immer noch leer.«

Kostja hatte den Ruf des Käfigs gehört.

Kostja kam aus der Fremde. Wo er gelebt hatte, da gab es keine Käfige mit Trinkschälchen und Futterbehälter. Da gab es nur unvorstellbar weite, stille Wälder.

Er flog neugierig heran und ließ sich in der Mitte des Hofes nieder, direkt vor der Tür des Käfigs.

Agathe spannte ihre Pfoten an.

Die Vögel oben auf dem Dach hatten alles im Blick,
den Käfig, die Katze, den fremden Vogel.

Kein einziger Piep, kein einziger Laut, um Kostja zu
warnen.

Nachher sagten die Vögel, die Angst hätte ihnen die
Stimme verschlagen.

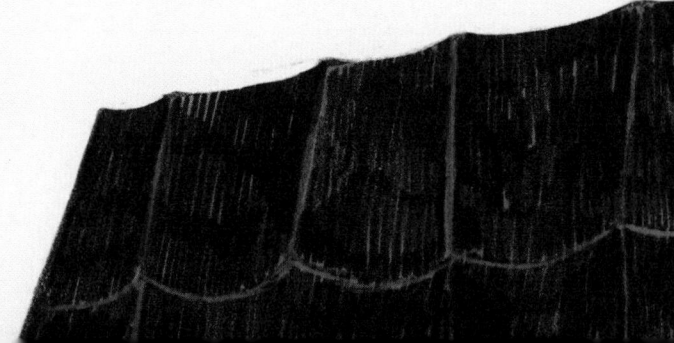

Der Käfig hielt den Atem an. Ganz reglos stand er da, nicht mal die kleine Vogelschaukel schwang vor und zurück.

Kostja schob seinen Kopf ein kleines Stück in den Käfig.

Nie zuvor hatte er ein solches Häuschen gesehen, mit drei Sitzstangen – unten, in der Mitte und oben –, einer Schale mit frischem Wasser und einem Röhrchen mit glänzend braunen Körnern darin. Alles war sauber und frisch geputzt.

Klar hüpfte Kostja in den Käfig hinein.

Da war die alte Agathe, mit einem gewaltigen Katzensprung.
Ein Schlag mit ihrer kräftigen Tatze, und die Tür war zu.

Agathe wollte sich ihre Beute nicht mitten im
Hof schnappen, vor den Augen aller Vögel und
vielleicht der Leute hinter den Fenstern der Häuser.

Sie streckte ihre Pfote aus, um den Käfig in eine dunkle Ecke
zu ziehen.

Katzen gibt es überall auf der Welt.
Kostja begriff die Gefahr sofort.
Über viele weite Länder war Kostja bis
hierhergeflogen.

Kostja war ein zäher Vogel mit
kräftigen Flügeln.
Er streckte sie aus, bis zu den Gitterstäben des
Käfigs, und schwang sie heftig auf und nieder.

Der Käfig hatte noch nicht viel von der Welt gesehen und vom Leben verstanden.

Aber eines spürte er ganz tief: Ein Käfig ist dazu da, um seinen Vogel zu schützen.

Er atmete tief ein, wurde weit und breit, stieß die Luft wieder aus und hob daumenbreit ab vom Boden. Und Kostja gab die Kraft seiner Flügel dazu, in derselben Sekunde.

Der Käfig mit Kostja, und Kostja mit dem Käfig, sie stiegen auf!

Flogen hinaus aus dem Hof, über den Kopf der alten Agathe, vorbei an den ungläubigen Vögeln, über die Dächer der Stadt hinaus, hinweg über die Häuser, bis hin zu den weiten, stillen Wäldern.

Und wenn ihnen keiner das Gegenteil erzählt hat, wohnen sie noch heute dort, der stolze, kluge Käfig und der zufriedene Kostja, im guten Glauben, dass Käfig und Vogel einander Freunde sind. Was denn sonst!

Wie sollen wir leben? Na, kühn und verwegen!

Für Loa und Elia

Deutsche Originalausgabe
Copyright © 2022 von dem Knesebeck GmbH & Co. Verlag KG, München
Ein Unternehmen der Média-Participations
Illustrationen © 2022, Mehrdad Zaeri vermittelt durch die
Agentur Susanne Koppe, www.auserlesen-ausgezeichnet.de
Text © 2022, Andrea Hensgen

Projektleitung und Lektorat: Theresa Scholz, Knesebeck Verlag
Umschlaggestaltung: Leonore Höfer, Knesebeck Verlag
Satz und Herstellung: Arnold & Domnick, Leipzig
Druck: Graspo CZ, a. s.
Printed in Czech Republic

ISBN 978-3-95728-438-9

www.knesebeck-verlag.de